# GUÍA DEFINITIVA PARA EL DOMINIO DE BITCOIN Y CRIPTODIVISAS

## TRADING E INVERSIÓN EN CRIPTODIVISAS CON SEGURIDAD

### WAYNE WALKER

© **Copyright 2018 by Wayne Walker, All rights reserved.**

Este libro ha sido escrito para proveer información que sea lo más exacta y fiable possible. Consulte a profesionales en lo necesario ántes de emprender cualquier acción aquí respaldada.

Esta declaración es considerada justa y válida tanto por el American Bar Association como por el Committee of Publishers Association y es legalmente vinculante en todo Estados Unidos.

Además, la transmisión, duplicación o reproducción de cualquiera de los siguientes trabajos, incluida la información precisa, se considerará un acto ilegal, independientemente de si se realiza de forma electrónica o impresa. La legalidad se extiende a la creación de una copia secundaria o terciaria del trabajo o una copia grabada y solo se permite con el consentimiento expreso por escrito del Editor. Todos los derechos adicionales están reservados.

La información en las siguientes páginas se considera en general como una descripción verídica y precisa de los hechos, y como tal, cualquier falta de atención, uso o uso indebido de la información en cuestión por el lector representará cualquier acción resultante exclusivamente bajo su responsabilidad. No hay escenarios en los que el editor o el autor original de este trabajo puedan ser considerados responsables de cualquier dificultad o daño que pueda sufrir después de proceder con la información aquí descrita.

# CONTENIDO

INTRODUCCIÓN ................................................................................................. 1

**CAPÍTULO 1:** ¿QUÉ ES EL BITCOIN (BTC)? ............................................... 2

**CAPÍTULO 2:** EL FUNCIONAMIENTO DE BITCOIN ................................. 7

**CAPÍTULO 3:** MINERÍA DE BITCOIN ....................................................... 11

**CAPÍTULO 4:** COMUNIDAD BITCOIN Y POLÍTICA ............................... 14

**CAPÍTULO 5:** REGULACIONES .................................................................. 16

**CAPÍTULO 6:** TRADING CON BITCOIN Y ALTCOINS ........................... 18

**CAPÍTULO 7:** TÁCTICAS DE TRADING .................................................... 23

**CAPÍTULO 8:** PONIÉNDOLO TODO JUNTO ............................................. 27

**CAPÍTULO 9:** HERRAMIENTAS PARA EL ANÁLISIS TÉCNICO DE CRYPTODIVISAS ............................................................................................. 31

**CAPÍTULO 10:** LOS ARGUMENTOS MÁS COMMUNES EN CONTRA DEL BITCOIN Y LAS CRIPTOMONEDAS – CON RESPUESTAS ..................... 40

**CAPÍTULO 11:** QUÉ PODEMOS ESPERAR EN UN FUTURO CERCANO ........ 42

CONCLUSIÓN .................................................................................................... 45

PERFIL DEL AUTOR ........................................................................................ 46

VOCABULARIO BÁSICO DE BITCOIN ........................................................ 47

# Introducción

Enhorabuena por haber adquirido su copia personal del libro *Guía definitiva para el dominio de Bitcoin y Criptodivisas.* Vamos a comenzar este viaje alejándonos del mundo de las divisas emitidas por los gobiernos para acercarnos más a las criptodivisas o criptomonedas. Los primeros cinco capítulos le van a dar una buena base para la introducción al universo de las criptodivisas, dónde se tocarán distintos temas fundamentales que van desde el blockchain hasta la minería. Además, adquirirá un amplio conocimiento del funcionamiento detrás de una de las criptomonedas más conocidas. En los capítulos restantes pondremos nuestra atención en las aplicaciones prácticas para el trading, le presentaremos las estrategias y cómo se aplican. También aprenderá a utilizar indicadores prácticos de análisis técnico que le ayudarán a incrementar su habilidad para hacer dinero. Aquí también incluiremos la psicología del trader, que es un área importante pero que en demasiadas ocasiones se ignora. Todas estas secciones serán de gran ayuda para todos los traders. ¡Gracias por elegir este libro!

*Nota: a lo largo de este libro las palabras digital, cripto, criptomoneda y criptodivisa se utilizarán indistintamente*

# Capítulo 1: ¿Qué es el Bitcoin (BTC)?

Bitcoin is una moneda digital descentralizada (un activo digital). No es una acción, un activo tangible o una moneda física. No está sujeto a ningún Gobierno. Se puede transferir dinero rápidamente sin pasar por ningún control gubernamental o bancario por una tasa mínima. Básicamente es una contabilidad, un libro de cuentas o registro seguro. Ántes de la existencia del dinero ya existían los registros, así es como las sociedades primitivas llevaban las cuentas de quién poseía el qué. Las criptomonedas, como muchos expertos afirman, son una evolución natural de la historia del dinero pasando del trueque a las monedas, al papel y al formato digital.

## ¿Es seguro?

¿Cómo es de seguro? ¿Qué pasaría si alguien pudiera hackear el registro? No es posible, pero incluso en la hipótesis que se pudiera hackear un 40-49%, la mayoría de los ordenadores encargados de mantener el registro tienen la información correcta (esto es así porque este libro de cuentas es descentralizado). Siempre y cuando la mayoría de los registros estén de acuerda, la transacción se podrá validar. Incluso si se intentara un ataque a un 51% (la mayoría), debe de tener en cuenta que un ataque de esa magnitud requerirá una inversión de más de 500 millones EUR para poder prepararse. Tenga también en cuenta que un ataque de ese volumen es rápidamente detectado por la red y será fácilmente fracasado.

## Claves y Monederos (Wallets)

Hay una clave privada y una clave pública para la verificación. La clave privada es lo que le da el acceso a su cuenta. La clave pública es la que se utiliza para enviar o recibir dinero, sin que la clave privada esté en su poder, no podrá mover las monedas. Su "monedero" contiene la clave privada. Un monedero de bitcoin se podría comparar a grandes rasgos con el equivalente a una cartera física. Su monedero también le mostrará sus transacciones en el registro.

## ¿Por qué Bitcoin (BTC)?

Mover dinero o liquidar transacciones puede ser caro y engorroso. Existen obstáculos como los spread en divisas (los diferenciales), tasas, comisiones bancarias y además la transacción lleva días. El promedio en las comisiones bancarias por transacción en EE.UU., Europa y en el resto del mundo es caro. Desde las grandes corporaciones hasta cualquier emigrante que quiera enviar dinero a su familia, a todos y cada uno de ellos les desagrada las comisiones tradicionales por transferencia. Con Bitcoin, sin embargo, el dinero puede moverse por una tasa nominal. Además, ofrece una opción viable para aquellos que sufren una alta inflación y control de capitales en sus países como por ejemplo (en la fecha que estoy escribiendo) Venezuela, Zimbabwe, etc.

## A Basic BTC Transaction

A) Sarah quiere enviar a Phillip 20 Bitcoins
B) Sarah tiene 100 Bitcoins
C) Sarah prepara una "transacción" y la envía al blockchain*
D) Un determinado número de "mineros" confirman que las transacciones en el bloque* son correctas. Phillip decide cuántas transacciones necesitará. Incluso si hubiera algún minero que no sea fiable, la mayoría de ellos sí lo son y podremos confiar que la transacción ha sido válida.
E) Los bitcoins son transferidos.
*Blockchain o cadena de bloques: Un registro **público**/libro de cuentas de las transacciones de bitcoin
*Bloque, block: es el registro en el blockchain que contiene y confirma las transacciones realizadas durante un período de tiempo

## Los que creen en BTC

La lista de personalidades que tienen una visión positiva del Bitcoin incluyen nombres tan influyentes como Bill Gates, Richard Branson o Peter Thiel. También existe gran apoyo desde el capital de riesgo que financia proyectos (los conocidos venture capitalists o las siglas VC en inglés) y, por supuesto, los startups de Bitcoin que inversiones de más de un billón de dólares. Otro ejemplo son los llamados BitAngels, que es un grupo de inversores que se concentran en Bitcoin y buscan escalar los los startups.

Algunas de las grandes empresas que consideran o ya aceptan pagos en Bitcoin son Subway, Wordpress, Virgin Galactic, Reddit, Wikipedia, Shopify, OKCupid, Amazon, Ebay y Paypal. Esto sólo por mencionar algunas. Para empresas pequeñas, se crea un gran potencial de nuevos clientes.

## Historia breve del Bitcoin

## Satoshi Nakamoto: Lo que sabemos

- Autor del "papel blanco" o plan de negocio y del software original de Bitcoin
- No es un nombre real. La identidad real es desconocida, podría ser un hombre, mujer o un grupo o corporación.
- No se ha vuelto a oír nada de él desde el 2010.
- Posee gran cantidad de bitcoins de los primeros bitcoins minados

## Historia

2009-2011: Etusiastas comparten ideas en forums pero no hay fuerza real. El bloque Génesis fue minado el 3 de Enero del 2009

2012-13: Comienza a llamar la atención de inversores, innovadores y empresarios

2013-2014: Comienzan las grandes inversiones de los Venture Capital

2015: Wall Street y otras instituciones comenzan a invertir seriamente

2016-presente: Retail traders y la gente de a pié comienzan a estar interesados en gran número

## Los muchos "colapsos" del Bitcoin

Bitcoin se "hundió" más de 150. Aquí algúnos artículos extraidos de la prensa en Inglés donde se ha predecido con gran desacierto la desaparición del Bitcoin.

- August 11, 2013 "Why Bitcoin Is Doomed To Fail" – moneygeek | $93.43
- November 16, 2013 "Bitcoin Is A Joke" – Business Insider | $433.57
- May 4, 2017 "The Beginning of the End for Bitcoin" – Daily Reckoning | $1541.90
- July 12, 2017 "Bitcoin acceptance is virtually zero and shrinking" – Yahoo Finance | $2410.55

## Caídas y problemas de Bitcoin

- 2011-2013: Durante este período hemos visto grandes burbujas y caídas
- Febrero del 2014: Mt. Gox, un exchange de Bitcoin, fue declarada en bancarrota en Tokio. La compañía perdió casi 750.000 bitcoins de sus clientes más 100.000 de los propios

con un valor de unos 473 millones de dólares en el momento de la solicitud. Mt. Gox afirma que los bitcoins fueron robados y culpa a los hackers.

- **Sugerencia:** haga su debida diligencia, *pero* cuidado de no juzgar a toda una industria sólo por los resultados de una única empresa

## ¿Es Bitcoin anónimo??

Bitcoin **no** es 100% anónimo, las direcciones son las claves públicas. Sin embargo, las direcciones no están conectadas a una identidad real. Para crear una nueva identidad símplemente se crea una clave pública nueva. Esto es lo que se conoce con el nombre de seudónimo.

Las monedas basadas en el blockchain son públicas y permanentemente rasteables, cada moneda tiene su historia y se pueden comprobar todas las transacciones anteriores. La verdadera anonimidad requiere de un seudónimo y de la desvinculación. En otras palabras, las diferentes interacciones de un mismo usuario en el sistema no deberían de estar vinculadas. ¡Sin anonimidad, la privacidad del blockchain es mucho peor que en el sistema bancario tradicional!

## Desvinculación

Con la desvinculación es difícil de conectar las diferentes direcciones de un mismo usuario. También es difícil conectar las diferentes transacciones de un mismo usuario y vincular al remitente y al destinatario de un pago. ¿Y por qué se necesita esto? Muchos de los servicios de bitcoin requieren una identidad real. Por ejemplo muchos monederos online y exchanges, algunos regulados, mantienen registros con lo cual se descarta la anonimidad con estos servicios.

# Capítulo 2: El funcionamiento de Bitcoin

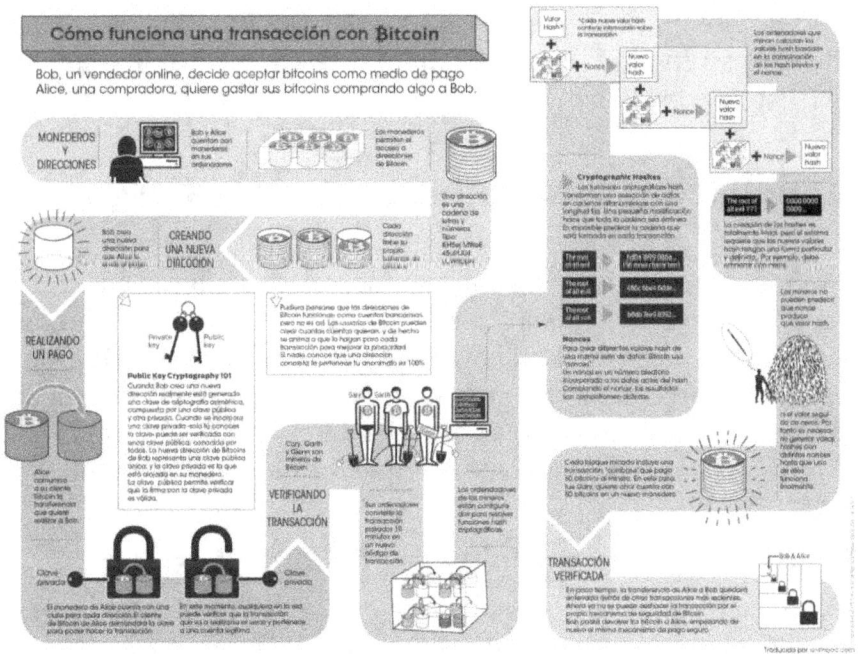

## El software Bitcoin Core: El Fundamento de Bitcoin

El código de Bitcoin Core es abierto (MIT license). Un código abierto es un software con un "código fuente" que es libre para que cualquiera lo pueda inspeccionar, modificar y mejorar. Este "código fuente" es el código que los programadores pueden alterar para cambiar el funcionamiento de una parte del software o programa.

## Almacenamiento de Bitcoin

En este apartado echaremos un vistazo a las distintas formas de guardar y tener seguimiento de las monedas. Principalmente las opciones se dividirán en almacenamiento en caliente (online) y en frío (sin conexión).

## Monederos Software – Beneficios/Riesgos

Un monedero software es un método relativamente sencillo. La clave privada se queda almacenada en su ordenador. Es conveniente, pero si el dispositivo se pierde, la clave se perderá también y con ella sus monedas. En otras palabras, es tan seguro como lo sea su dispositivo. Si el ordenador es hackeado y la clave se filtra, entonces lo más seguro es que sus monedas sean robadas.

## Monederos Online – Beneficios/Riesgos

Un monedero online es similar a un monedero software pero en el ciberespacio. La página almacena las claves privadas y usted accederá a la pagina con un login. Es muy cómodo sin nada que instalar y se puede acceder desde varios dispositivos. El debate en referencia a la seguridad en bien conocido. Es vulnerable si la página se ve comprometida (interna o externamente). Tenga en cuenta que su clave (o claves) va a estar almacenada en otro servidor junto las miles del resto de los usuarios, lo cual es muy atractivo para posibles ataques de hackers.

## Monederos de Papel y Monederos Hardware – Beneficios/Riesgos

Un monedero de papel significa que se van a imprimir sus claves públicas y privadas y se guarda este papel. Es mucho más seguro que los otros métodos, aunque debe de tener en cuenta que el papel se puede romper o mojar, puede ser robado o destruido de muchas otras maneras. Es importante hacer varias copias y guardarlas en un lugar seguro.

Los monederos hardware son pequeños dispositivos de USB que generan claves cuando se procede con una transacción. No necesitan estar conectados al ordenador para realizar las transacciones. Estos aparatos son seguros contra un posible malware ya que generan las claves privadas sin estar conectadas en el propio dispositivo. Son cómodos y relativamente fáciles de usar. Ofrecen copia de seguridad y pueden protegerse adicionalmente con una contraseña para evitar el robo. En general estos monederos son una opción muy segura.

## Exchanges de Bitcoin

Los exchanges o plataformas de intercambio aceptan depósitos en Bitcoins (BTC) y en divisa fiat (USD, EUR) con la promesa de retirar los fondes bajo orden. Permite a los clients enviar y recibir pagos en bitcoin, comprar y vender bicoins con moneda fiat y conectar a los compradores con los vendedores de BTC.

Un ejemplo muy básico de una transacción sería: Mi cuenta en el exchange tiene 5.000 EUR + 3 BTC, utilizo el exchange para comprar 2 BTC por 1.000 EUR cada uno, el resultado final: mi cuenta tiene 3.000 EUR + 5 BTC*.
*Precio figurativo, no actual, de BTC

## Regulaciones: Bancos vs Exchanges

Con los bancos trandicionales, el Gobierno normalmente:

- Obliga a un mínimo de reserva
- Garantiza los depósitos

Con los exchanges, las regulaciones varían enormemente de país a país. Sin embargo, hay muchos que se han ganado la confianza del mercado.

## Datos Geek de Bitcoin

- 100M *Satoshis* por Bitcoin
- 21M totales de Bitcoins
- 1 MB(megabyte*) en cada bloque, lo que significa unas 7 transacciones aproximadamente por segundo. Tenga en cuenta que VISA puede procesar de 2.000 a 3.000 transaciones por segundo.
- *Un megabyte son un millón de bytes de información

# Capítulo 3: Minería de Bitcoin

La minería de bitcoin es uno de los procesos clave para evitar el fraude. Los mineros confirman la autenticidad de las transacciones que contenidas en un bloque. Esto se realiza sacando los datos de cada transacción realizada y completar con ellos un problema matemático. La solución se conoce con el nombre de "hash" que sella la transacción con una serie pequeña y única de números que contiene la información relevante del bloque. Los mineros son recompensados con 12,5 bitcoins por el trabajo.

## Mineros

Los mineros se unen a la red, vigilan las transacciones y validan todas las transacciones propuestas. También vigilan los bloques nuevos, mantienen la cadena de bloques y cuando se propone un nuevo bloque, lo validan. La oferta total de Bitcoins es de 21 millones. Se calcula que se acabarán de minar en el 2040 y ya no habrá más bitcoins.

## Requerimientos para la minería y el hardware

¡La minería requiere de enormes cantidades de electricidad! Se utiliza para llevar a cabo las computaciones durante las 24h los 365 días al año. Lo siguiente en la lista es el alto mantenimiento para una temperatura constante que se necesita para proteger los equipos. La temperatura en un centro de minería debe de mantenerse entre 15-25°C (59-77°F).

## Hardware

En un ordenador de alto rango se tardarían años en minar un bloque, por lo que se necesita algo más rentable y rápido. El Bitcoin ASIC es un hardware especializado en minar bitcoin. Es mucho más competitivo que otros equipos para Bitcoin por su rapidez y eficacia. Los chips del equipo Bitcoin ASIC se usan normalmente *sólo para minar bitcoin*. Con los ASIC se reduce de forma significante el tiempo para encontrar un bloque. Están diseñados para funcionar de forma ininterrumpida de por vida y se require de cierta experiencia para su uso.

## Los Pools de Minería

Minar individualmente es difícil. Incluso con la tecnología más avanzada, a no ser que se disponga de electricidad muy barata, se podría acabar gastando todos los beneficios en pagar los recibos de la luz. Por esta razón, grupos pequeños de mineros se organizan en grupos llamados pools para aumentar entre todos su capacidad de computación y mutualizar el riesgo. Los participantes intentan minar un bloque juntos y los beneficios (las tasas de transacción junto con los nuevos bitcoins minados) se distribuirán entre ellos según el trabajo que ha ejecutado cada uno descontando las tasas para su propia administración.

Aparecen por primera vez en el 2010 y ya en el 2015 el 90% de toda la minería se basa en pools. Hoy los grandes centros de minería son los que dominan. Los centros profesionales de minería son viables siempre y cuando existan las siguientes condiciones: electricidad barata, buena conexión a internet y una temperatura ambiente fresca. Operan las 24h durante todos los días el año, en un centro de minería grande (más de 20.000 equipos) se utilizan 40 megawatts por hora, que equivale al consumo de unos 12.000 hogares durante el mismo período de tiempo. Es un negocio caro ya que pueden llegar a pagar incluso más de 30.000 EUR(diariamente) en electricidad incluyendo los descuentos que se les suelen dar.

## Incentivo por Bloque

Actualmente, los incentivos por bloque representan la mayoría de los beneficios en la minería. Se calcula que en el futuro serán las tasas por transacción lo que domine. La recompensa por bloque minado se divide a la mitad cada 210.000 bloques y, llegado el momento, la recompensa se reducirá de los 12,5 actuales a 6,25 bitcoins.

# Capítulo 4: Comunidad Bitcoin y Política

Un BIPs (Bitcoin Improvement Proposal o Propuesta de Mejora de Bitcoin) es una propuesta formal para hacer cambios en bitcoin. Incluye especificaciones técnicas y sus principios. Cualquier persona en el mundo puede proponer un BIP. La comunidad Bitcoin, es decir, los usuarios, mineros, programadores e inversores, son los que votarán para decidir si las propuestas se implementan o no.

En la comunidad Bitcoin, los cambios de reglas propuestos por los programadores principales se siguen por defecto. ¿Y si a los usuarios no les gustara la nueva regla? Pueden salir o ejercitar su derecho a bifurcar o continuar en un nuevo "fork". Un fork es una modificación en el software de una criptomoneda en la que ésta se divide, continuando la nueva en una versión bifurcada de la cadena de bloques original pero compartiendo la misma historia.

## Posibilidad de Soft y Hard Fork

Un Soft Fork (bifurcación blanda) puede resultar en nuevos esquemas de firmas y volumen extra por bloque de metadato. Un hard Fork (bifurcación dura) puede resultar en cambios en los límites de volumen y cambios en las tasas de minería.

El hard fork es una bifurcación permanente de la cadena de bloques, ocurre cuando los nodos no actualizados no pueden validar los bloques creados por los nodos actualizados que siguen las nuevas reglas de consenso. Un nodo es un ordenador que se conecta a la red de Bitcoin.

Después del hard fork, si la bifurcación ha sido para crear una nueva altcoin (del inglés 'alternative coin'), ésta seguirá su camino independientemente, las dos coexistirán. Si la bifurcación refleja una discrepancia sobre el futuro de Bitcoin, ambos lados lucharán por la cuota de mercado para ser vistos como "el bitcoin verdadero". Como resultado, uno podría ganar y el otro desaparecer o los dos podrían coexistir como ocurre en el caso de Bitcoin Cash.

**Ejemplo de Hard fork**: Bitcoin Cash es similar a Bitcoin, except que se ha incrementado el volumen del bloque desde 1MB a 8MB. ¿Por qué esto fue necesario? Si una transacción no entra en el bloque que es enviado a la red para ser validado, tiene que esperar al siguiente haciendo que el proceso sea más lento. El incremento en el volumen del bloque resulta en transacciones más rápidas.

## ¿Quién está al mando de Bitcoin?

Existen diferentes opiniones sobre quién ejerce poder 'real' en Bitcoin. Por ahora, sólo nos vamos a centrar en el principio de quién gana una disputa en el caso de que no exista un acuerdo entre las partes. A continuación pasaremos a una descripción breve de quienes son las diferentes partes involucradas.

## Representantes con poder en Bitcoin

Inversores - Determinan si Bitcoin tiene algún valor en el mercado

Los programadores de Bitcoin Core – Ellos crean el manual de reglas

Mineros – Escriben la historia y validan las transacciones Comerciantes y sus clientes - Generan la demanda primaria y los precios a largo plazo de bitcoin

Además de los arriba mencionados, tenemos la Fundación Bitcoin (fundada en el 2012). La Fundación paga a los programadores principals y mantienen contacto con gobiernos como representación de Bitcoin.

# Capítulo 5: Regulaciones

Los gobiernos son muy conscientes de la existencia de Bitcoin. La atención se centra en el hecho que es dinero efectivo digital imposible de rastrear, que circunvala los controles de capital y los países no pueden poner control al flujo en valor de Bitcoin que entra y sale.

Entonces, ¿nadie puede parar al Bitcoin? Hmm... Bitcoin podría ser prohibido a través de regulaciones en los operadores de telecomunicaciones (la telecomunicación es objeto de regulación). Bitcoin es un tipo de tráfico en internet que puede ser bloqueado como cualquier otro.

Si un gobierno decidiera que ninguna persona en el pais pudiera acceder al bitcoin, podría ordenar que los operadores prohíban el acceso bloqueando a los exchanges y demás en su infraestructura. En el 2017 China tomó algunas medidas con los exchanges pero no pasó mucho más y el Bitcoin siguió subiendo en las semanas siguientes. Por el contrario, recientemente he leído un artículo donde se mencionaba una empresa que está trabajando en una red global por satélite que difundirá datos del blockchain a todos los rincones del planeta para que la gente pueda usar Bitcoin sin necesidad de tener acceso a internet.

## Primer intento de regulación

El "New York State BitLicense" forma parte de la primera oleada de intentos por regular el mercado de las cripto. Si su negocio está registrado en Nueva York o involucra a un residente del estado de Nueva York o cualquier individuo involucrado en cualquiera de las siguientes actividades requerirá obtener una BitLicense:

- Transmisión de moneda virtual

- Almacenamiento, posesión o mantenimiento en custodia o control de una
- moneda virtual en nombre de terceros
- Compra y venta de moneda digital como actividad comercial
- Llevar a cabo servicios de intercambio como actividad comercial
- Controlar, administrar o expedir una moneda virtual

## Los inconvenientes no deseados

Una moneda digital no rastreable tiene como podrá imaginar una serie de inconvenientes no deseados. Puede facilitar algunas actividades criminales como puede ser, por ejemplo, el secuestro, la extorsión, evasión de impuestos o la venta de artículos ilegales. Un ejemplo fue el escándalo ocurrido con la página web de Silk Road. La página estuvo operando desde Febrero del 2011 hasta Octubre del 2013. Fue el mayor mercado online de drogas ilegales. Los pagos se hacían en Bitcoin y la página guardaba en depósito monedas como garantía hasta que los artículos fueran enviados.

Ross Ulbricht fue el cerebro detrás de Silk road. Utilizaba diversos alias, entre ellos los más conocedores eran "Frosty" y "Dread Pirate Roberts." Intentó cubrir su rastro, pero los investigadores fueron capaces de unir las piezas. Fue arrestado en Octubre del 2013 y está actualmente en la cárcel condenado a cadena perpetua. El Gobierno confiscó 174.000 BTC que fueron más tarde puestos a subasta pública.

Las dos lecciones que podemos aprender de este caso son, la primera es que es difícil mantenerse anónimo por un largo período de tiempo. La segunda es que es difícil moverse desde economías sumergidas a legales sin llamar la atención de las autoridades.

# Capítulo 6: Trading con Bitcoin y Altcoins

Las Criptodivisas ofrecen volatilidad, algo que todos los traders desean, es como música para nuestros oídos. ¿Por qué? si se coloca la orden y no pasa nada, entonces ha tenido que pagar el spread a su bróker por nada. Trading es un negocio (o debería de tratarlo tal cual), para que pueda recuperar el coste por la transacción (el spread), usted quiere y necesita que haya volatilidad.

Rumores y pánico se añade a la volatilidad. También tienen extrema sensibilidad a las noticias con movimientos de incluso un 20% diarios que **no** son extraños. En el otoño del 2017 se experimentó una volatilidad que, incluso para los estándares en cripto, fue de lo más asombrosa.

## Ventajas

No tienen un volumen mínimo en la operación, al contrario que en el trading con acciones, materias primas o en el spot forex. Tambien puede vender en corto por lo que le serán indiferentes las subidas o bajadas en el Mercado. Otra de las ventajas es que puede operar directamente con los exchanges, los brokers no son obligatorios. Y puede también operar las 24h los siete días de la semana, lo cual es un horario incluso más amplio que en el spot forex. Obviamente la liquidez no es igual en cualquier momento del día, hay ciertas horas en las que existe más liquidez que en otras.

## Day Trading

¡Day trading con precaución! Por el momento, el trading se lleva a cabo en su mayoría con traders inexpertos aunque el escenario está cambiando. En el otoño del 2017 se abrió el primer fondo mutuo de Bitcoin en Francia. También existe información sobre los preparativos para la entrada en el mercado de varios fondos de cobertura y de capital privado.

## Momento de oportunidad en el mercado

Conseguir entrar en el "momento perfecto" con Bitcoin y las criptodividas es irrealista. Lo que está sucediendo en el mercado con ganancias semanales de dobles dígitos no se supone que debería de pasar, pero sí pasa. Utilizando únicamente el análisis técnico o fundamental va a fallarle. Busque el poder comprar en las caídas generadas por pánico en Bitcoin, los rebotes después de estos desplomes han sido siempre muy lucrativos. Otra táctica a tener en cuenta para manejar la volatilidad es ajustar las alertas de precios para movimientos perceptibles. Le recomiendo firmemente que acumule gradualmente, ya que la riqueza en Bitcoin lleva su tiempo. Ignore en lo posible la exageración de decir que este mercado es como el "Salvaje Oeste". Si su posición en cripto tiene un 100% + un movimiento en alza, retire algunos beneficios. Si no tenía una posición, después de una ruptura alcista importante, compre en los pullbacks. Las mejores oportunidades están ahí para los mejor informados y menos emocionales. Esto es especialmente importante a tener en cuenta en un territorio donde entran cripto-traders que aún no han experimentado caídas del 40-50%.

## Apalancamiento

¿Apalancamiento? Utilícelo con precaución y solo con entidades que ofrezcan stop losses seguros. El Bitcoin y las criptodivisas en general son activos que pueden tener movimientos de 20-50% (en ambas direcciones) en un sólo día, su cuenta puede fácilmente explotar. Usted pierde dinero cuando le saca del trade, lo que ocurre con facilidad cuando hay un apalancamiento alto. Lo importante a tener en cuenta es que se mantenga en el juego y que sea cauteloso al colocarse en corto a largo plazo... Recuerde todos los "colapsos" de Bitcoin.

## Trading con Altcoins y ICO's

- **Altcoins (del Inglés "Alternative Currencies")** Son las muchas criptomonedas que han salido de la idea o del código abierto de Bitcoin
- **Initial Coin Offering (ICO)** Oferta Inicial de Moneda, es una forma de crowdfunding por medio de criptomoneda. En un **ICO's** se venden derechos de propiedad o royalties en un proyecto. Una moneda en un ICO es un símbolo de interés en una iniciativa de negocio, un "certificado" digital. A menudo se confunde con una venta de "**tokens**" que se refiere a la venta de una participación en una economía dando a los inversores el acceso a la funcionabilidad del proyecto en una fecha posterior.

## Antes del trading o la inversion tenga en cuenta

Muchas de las altcoins no tienen ninguna utilidad, se repite de nuevo la situación de los primeros días de internet ("puntocom"). Desgraciadamente, hoy en día la escena está llena de timadores y estafadores dispuestos a engañar a aquellos que buscan ganar un dinero "rápido." ¿Cómo moverse por este terreno minado? Busque a los ganadores, vaya a donde está la acción, PERO esas ganancias deben de estar siempre respaldadas por un volumen de operaciones. El volumen para un altcoin tiene que tener más de 500.000 USD (por liquidez). El ICO necesita además tener una buena proposición de valor/venta. ¿Cuál es la utilidad de la moneda? ¿Qué problema resuelve? El equipo que está detrás debe de ser de un alto nivel.

Uno de los ICOs con más éxito fue Ethereum que recaudó dinero con una venta de token en 2014. En el 2017 ha habido aproximadamente unos 234 ICOs recaudando más de 3billones de USD. En diciembre del 2017 ya existían más de 1.200 monedas digitales.

Tenga en cuenta que con un ICO nadie sabrá con seguridad cual va a tener éxito. Si va a invertir en cinco, ha una gran probabilidad de que tres o cuatro fallen. Pero la que llegue a despegar podrá ofrecer resultados de 10x o más. 10x significa que si ha invertido $10 millones, generará un total de $100 millones en la venta.

Un pequeño consejo: con los ICOs o con otras transacciones básicas, envíe fracciones del pago para poder comprobar las transferencias. Practique enviando 0,001 en las primeras transacciones porque recuerde que Bitcoin y otras monedas llevan hasta 8 decimales.

Debe de saber que los más recientes proyectos respaldados con capital de riesgo aún no han sacado a la luz su producto final. Además, aún no se han llegado a explorar todos los usos de BTC y altcoins. Algunos opinan que el valor del bitcoin será sobrepasado por alguna otra moneda. La opinión se basa en que raramente una tecnología innovadora seguirá dominando después de 5-10 años. Lo importante es saber que estamos aún en una fase muy prematura en la evolución de las monedas digitales.

## DETECTAR LAS ESTAFAS EN LOS ICOS

Aquí vamos a enumerar algunas señales de advertencia cuando está tratando con este tipo de estafadores.

- Poder contactar con ellos es difícil. Datos básicos, como por ejemplo el número de teléfono, no se pueden encontrar con una simple búsqueda en internet

- El papel blanco publicado suele ser corto (menos de 10 páginas), y está escrito con una gramática muy básica y con faltas de ortografía
- La calidad de la página web es mala o han utilizado algún servicio gratuito para construirla
- En el apartado de información "sobre nosotros" en su página web y los detalles de registro son cuestionable o inexistentes
- El CEO o los consejeros no se pueden encontrar en LinkedIn o en otras páginas para profesionales

# Capítulo 7: Tácticas de Trading

Aquí vamos a analizar las principales razones por las que los traders pierden dinero y, lo más importante, vamos a examinar algunas soluciones.

**Expectativas Irreales:** Es importante cuando comience en el trading, lo mismo que con tantas otras cosas, que tenga una idea realista de lo que se está haciendo. Expectativas poco reales pueden verse reflejadas en, por ejemplo, alguien que comienza con lo que a veces se llama una cuenta de mini-trader con 1.000 o quizás 2.000 USD y esperar riquezas de la noche a la mañana.

Podría comenzar con con 100 o 200 dólares, que está bastante bien, no hay nada de malo con la cantidad. Pero esos mismos traders con 100 o 200 dólares están esperando tener 1.000 o 2.000 dólares en sus cuentas en unas pocas semanas o incluso en sólo un par de días. Aunque yo no digo que es imposible, sí digo que es poco realista. Es fundamental que usted tenga sentido de la realidad en su trading.

**Ningún Plan:** Se suele decir que "fallar en planear el planear para fallar". Con la creación de un plan, su trading va a estar en concordancia con su time frame y con los resultados que quiere conseguir. Un plan de trading es fundamental porque sin uno va a estar expuesto a grandes pérdidas potenciales. Sin un buen plan, no tiene sentido entrar en el trading.

**Demasiado Riesgo:** Podría ser una persona tanto con 100 dólares en su cuenta o como con 100.000. No es la cantidad lo que es crítico, sino la cantidad que usted está arriesgando en relación con los fondos disponibles. Debe de comenzar desde una posición en la que pueda "sobrevivir" a un error. El concepto se basa en la idea de que las pérdidas no deberían tomar forma de catástrofe. Por ejemplo, cada posición no debería de tomar más del 5 o el 6% de su capital disponible para el riesgo. Esto también significa que a la hora de utilizar el apalancamiento, se debería optar por una cantidad baja.

**Confusión entre trading e inversion:** Durante mis años como banquero, he tenido incontables clientes a los que he tenido que repetir una y otra vez que no deben de confundir los dos términos. El trading es para hacer dinero a corto plazo, es una actividad generadora de ingresos. Está entrando y saliendo de las operaciones a diferencia de la inversión, que es más a largo plazo. Podría ser que algunos de sus objetivos de inversión se derivan de su trading, pero no los confunda. Aunque parezca básico para algunos, mi experiencia en asesorar clientes de todo el mundo confirma que todavía existe mucha gente que confunde el trading y la inversión.

**Soluciones:**

Está bien hablar de los problemas y retos, pero obviamente necesitamos soluciones.

**Apalancamiento bajo:** Para evitar el problema del riesgo, se utiliza como un estrategia probada el apalancamiento bajo. Se mantiene un apalancamiento bajo para que tenga tiempo de pensar, reaccionar de manera más eficaz y no estar demasiado sensible a los cambios en el mercado.

**Escalado de entrada y de salida:** El escalado de entrada y de salida es una de mis tácticas preferidas. Yo lo utilizo tanto para invertir como en el trading. En el escalado de entrada y salida, la teoría de fondo es permitir al mercado que nos indique qué dirección tomar, así de simple.

Un ejemplo, planeo comprar 250 altcoins de GCMS después de haber hecho mi análisis técnico y fundamental. ¿Cómo empezaría? Comenzaría con una posición de 20 o 25 monedas y permitiría al mercado que me confirme si estoy en el camino correcto. Si hubiera comprado monedas de GCMS a 100 dólares cada una y de repente saltan a 125, excelente, el mercado está confirmando que he tomado la decisión correcta. En este caso, si hubiera comenzado con 25 monedas, añadiría entonces otras 25 o 50 y repetiría el proceso hasta llegar a mi objetivo de 250 monedas. Algunos podrían argumentar que perdí un poco en el paso de 100 a 125 y de alguna manera así es, pero también estoy más seguro de mi decisión al ser paciente. Al contrario, volviendo al escalado de salida, digamos que si el mercado se hubiera movido en mi contra, en lugar de inicialmente tener 250 monedas con riesgo, habría tenido sido sólo 25. Evidentemente existe una renuncia pero, por experiencia propia, se juega más a favor para aquellos que aplican el escalado de entrada y salida.

Otro ejemplo, digamos que usted compró 100 monedas a 100 dólares cada una y que el precio cae repentinamente a 90. Lo que yo sugeriría es que en lugar de vender todo inmediatamente, considerara sólo la venta de 25 o 30, ya que la caída podría haberse debido a una sobrerreacción del mercado. Hay varios factores que podrían estar en juego, como por ejemplo, un rumor falso, y de nuevo usted permitiría que el mercado le guíe al camino correcto. Lógicamente, si el precio sigue cayendo entonces vendería y saldría si pasa por encima de su límite mental de pérdida.

**Trading en mercados líquidos:** Operar en mercados líquidos es algo que no se puede enfatizar demasiado. Tener algún trade de apuesta arriesgada (con capital de alto riesgo) puede ser normal siempre y cuando sea consciente del riesgo. Pero para el trading regular, las cripto con baja liquidez dentro de los estándares de las criptodivisas, no serían mi primera opción. La liquidez es crítica especialmente como trader, un inversor no es tan sensible al tiempo, pero si usted está haciendo trading donde es necesario hacer movimientos bruscos, entonces desea estar en posesión de criptodivisas líquidas.

Líquidez, para clarificar, es la capacidad de poder entrar y salir del trading con facilidad. Estar haciendo trading y ver los beneficios sobre el papel es una maravilla, pero cuando es el momento de retirar esos beneficios y no se puede, entonces se convierte en una mala broma que no tiene ninguna gracia, ya que solo se pueden mirar. Por otro lado, si usted está en una pérdida y no puede salir de esa posición, se convierte en una pesadilla. No me importa quién le esté aconsejando, o lo que esté leyendo en algún blog, usted debe de operar en criptodivisas líquidas, no hay otra.

**Selección de Criptodivisas:** Seleccione unas pocas y llegue a conocerlas bien. Como podrá imaginar ningún trader es capaz de estar operando con 600 monedas a la vez. La mayoría comienza con las monedas más conocidas como por ejemplo Bitcoin y Ethereum. Después de un tiempo operando con unas pocas de monedas seleccionadas se familiarizará con ellas y obtendrá un conocimiento más profundo de cómo se mueven.

# Capítulo 8: Poniéndolo todo junto

Los traders deben de contar con un Sistema. Vamos a examinar y conectar los diferentes aspectos de un sistema de trading.

**Plataforma de trading:** La selección de la plataforma de trading es obviamente importante porque es el vehículo que va a utilizar para operar. Es fundamental que usted esté utilizando una plataforma que coincida con su estilo. Podría ser una que ofrezca alta tecnología o una más básica. También debería de saber quién es el proveedor detrás de la plataforma. Con las criptodivisas tiene la opción de utilizar una plataforma o tratar directamente con un exchange. Tenga en cuenta que nuevos exchanges aparecen en el mercado a cada momento y debería de poner más atención dependiendo del país. Le sugiero busque consejo de alguien de confianza o de un asesor en cripto profesional.

**Objetivos:** Sin objetivos es realmente difícil comenzar a operar. Recuerdo una analogía que he escuchado hace tiempo y que me gusta utilizar porque explica este concepto perfectamente. Y dice que, si por ejemplo, nos acercamos a un mostrador de billetes de avión y decimos "¡deme un billete!" Lógicamente la respuesta sería "pero un billete para ¿dónde?". Los objetivos a corto plazo pueden ser metas de beneficios tanto diarios como semanales, son individuales para cada uno. Los objetivos deben coincidir con su estilo y con la cantidad de capital de riesgo disponible para el trading.

Los objetivos a largo plazo están a menudo relacionados con su estrategia de inversión. A su vez van a estar también relacionados con sus objetivos a corto plazo porque las metas a largo plazo deben basarse en los objetivos definidos para beneficios a corto plazo. Debe de existir una concordancia porque si usted tiene un objetivo semanal de 100 dólares y un objetivo mensual de 1.000, entonces hay una discrepancia que debe ser ajustada.

**Preparación mental:** Usted necesita estar psicológicamente preparado para iniciarse en el trading. Si está a punto de operar, pero está tenso o nervioso, entonces necesita tomarse un momento. Puede ir a meditar, a hacer algo de ejercicio o hacer cualquier otra cosa, pero es importante que no opere hasta que esté mentalmente preparado. En el trading se debe de tener muy claro el no tomarse las cosas a nivel personal. Eliminar las emociones en el trading no significa que es usted contra el mundo. El objetivo es símplemente ganar dinero.

**Conozca su tolerancia al riesgo:** ¿Cuánto está dispuesto a arriesgar en cada trade? Es importante y recuerde la regla de oro número uno de los traders, "sin dinero no hay trading." No importa lo que le hayan contado, si no hay dinero, no hay trading y debe de tomárselo en serio. Esto se relaciona con la tolerancia al riesgo de la siguiente manera explicada con un ejemplo, imagine que tuviera un saldo en efectivo de 10.000 USD y desea arriesgar el 1%, es decir, la cantidad de 100 dólares. Esto significa que, de su capital de riesgo, independientemente de lo que esté operando, se va a colocar un stop loss (mentalmente o en la plataforma) que no debe de exceder de 100 USD.

**Haga su diligencia debida:** Es un nuevo día y su ordenador ya está encendido, ¿qué pasó durante la noche? ¿Qué pasó con los mercados de criptodivisas? Un trader debe de saber siempre lo que está pasando en los mercados y, lo que es más importante, cómo los mercados reaccionaron. A veces, con lo que en teoría debería de ser una buena noticia, los mercados reaccionan negativamente.

**Cómo seleccionar su nivel de entrada:** Conocer sus puntos de entrada significa que tiene una buena razón para cada trading que ejecuta. Si no tiene una buena razón, va a ser mejor que retire los fondos y los done a una organización benéfica. Al seleccionar su nivel de entrada, necesita un buen ratio riesgo-beneficio y que coincida con su tolerancia al riesgo. También debe de tener en cuenta el análisis técnico/fundamental, los niveles de soporte y resistencia, las noticias, todo ello es esencial antes de colocar cualquier operación. Otro detalle a tener en cuenta es dónde están las líneas de soporte y resistencia para el período de tiempo que va a estar en el trading.

**Conozca sus niveles de salida:** ¿Cuál es el profit target, cien dólares o sólo unos cuantos? Tiene que ser consciente de esto. Cuando usted está colocando stops para controlar las pérdidas, lo primero que debe hacer es asegurarse de que están dentro de sus parámetros. Lo mismo que con su nivel de entrada, usted deberá conocer el análisis fundamental, los soportes y las resistencias, y otra regla de oro de los traders "cortar pérdidas y dejar correr las ganancias." Muchos traders dicen que los beneficios se cuidan solos, pero uno debe de mantenerse atento a las pérdidas.

**Mantenga un diario:** Puede que no sea un hábito para cualquiera, pero yo lo uso para mantener un registro de mi trading. Incluye varias cosas, entre ellas dónde entré en el trading, mi nivel de salida, y por qué pensé al entrar que esa operación era una buena idea. Al revisar el diario, si existen patrones comenzará a detectarlos. Puede eliminar un patrón que no funciona o desarrollar otro que sí lo hace. Esto le ayudará a afinar sus operaciones.

**Revise sus resultados:** Revise sus beneficios o pérdidas durante el día. Es importante porque, aunque el trading pueda ser también por diversión, es un negocio para hacer ganancias. Si durante la revisión de su Pérdida/Ganacia el resultado no es el esperado, su deber es averiguar por qué. Usted tiene que saber lo que había detrás de los resultados. Tal vez fue pura suerte, y si ése fue el caso, entonces excelente, pero la suerte normalmente no es una estrategia sostenible en el trading. Yo sugeriría, tal como yo lo hago en mi propio trading, revisar su diario. ¿Fueron las operaciones planeadas correctamente con alguna noticia publicada? ¿O fué el tamaño de la posición? Estos factores pueden influir en los resultados.

# Transición de cuenta Demo a Real

Lo que aquí se va a detallar, son algunos consejos para pasar de una cuenta demo a una cuenta real de trading (no son consejos de *inversión*). Estos consejos también se desarrollan durante las clases de mis cursos. Comenzaremos con un nivel realista de fondos. La mayoría de las cuentas demo le ofrecen una gran cantidad de dinero virtual para operar, pero no debería de usarlo todo. Es más recomendable que utilice la misma cantidad de dinero virtual que la que tiene planeada para transferir a su cuenta real. De esta manera podrá hacerse una mejor idea de cómo se siente al perder o ganar esas cantidades, mental y físicamente. Si usted va a pasar de un trading con cientos de miles de dólares en demo a uno con cinco o diez mil en la cuenta real, notará una gran diferencia y no habrá podido desarrollar una estrategia de gestión de capital que funciona para esa cantidad. Por esto, le recomiendo que si dispone de 5.000 USD para el trading, practique con 5.000 USD en la cuenta demo.

El siguiente consejo es una expectativa real de los volúmenes de operaciones. Al igual que con el nivel de fondos para transferir, deberá ejecutar volúmenes de operaciones similares a los que planea para la cuenta real. Si está planeando volúmenes bajos de trading con los fondos reales de su cuenta, proceda entonces de la misma manera en el demo para aprender a manejarse en términos de apalancamiento (si lo fuera a utilizar).

Trading rentable: Si reconoce que está teniendo pérdidas todas las semanas en la cuenta demo, no sería inteligente cambiar a una cuenta real ya que lógicamente va a perder su dinero real también. Aunque no es de esperar que tenga ganancias todos los días, debería de salir adelante todos los meses antes de considerar el cambio a una cuenta real con fondos.

# Capítulo 9: Herramientas para el análisis técnico de cryptodivisas

El punto clave para hacer dinero con el análisis técnico es poder identificar una tendencia y hacer trading con ella. Las tendencias revelan hacia dónde los precios va a dirigirse en el futuro. Si la tendencia de la criptodivisa es alcista, entonces deberá comprar la moneda para hacer dinero. Si la tendencia comienza a ser bajista, deberá vender la moneda para obtener beneficio. Si la tendencia es lateral o indeterminada, deberá o bien colocar órdenes supeditadas (no trades) o esperar a que se consolide una tendencia más clara antes del trading. No es recomendable luchar contra la tendencia, pero si decide hacerlo así, deberá de ser consciente que en la mayoría de los casos suele ser una experiencia demasiado cara para **usted**.

Normalmente las tendencias no se mueven de forma directa hacia arriba o hacia abajo. Es común que se muevan en una dirección durante un período de tiempo para luego cambiar (girar) y retroceder parte de su movimiento anterior antes de continuar de nuevo en la dirección original. Cada vez que una criptodivisa retrocede y comienza a moverse en la dirección opuesta, va a formar un nuevo máximo o mínimo. Se forman un nuevo máximo cuando la moneda se mueve mucho más por encima para luego girar y moverse por debajo. Los nuevos mínimos se forman cuando la moneda se mueve más por debajo para luego girar y moverse más por encima. Identificar estos máximos y mínimos le permitirá reconocer si está en una tendencia alcista, bajista o indeterminada.

**Tendencia alcista** – Los mercados con tendencia alcista forman una serie de máximos cada vez más altos y mínimos más altos.

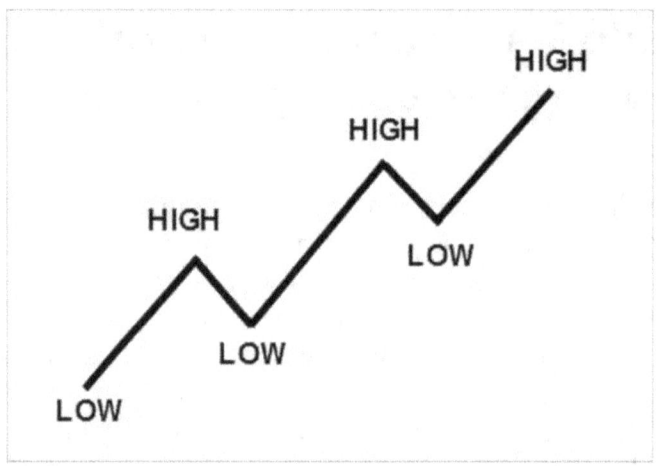

**Tendencia bajista** – Los mercados con tendencia bajista forman una serie de mínimos cada vez más bajos y máximos más bajos.

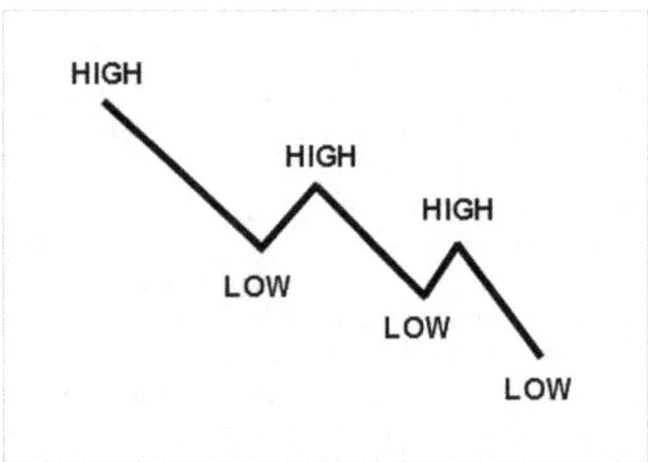

**Tendencia lateral** – Una criptodivisa con tendencia lateral forma series de máximos que están aproximadamente al mismo nivel de precios y series de mínimos también al mismo nivel aproximado de precios.

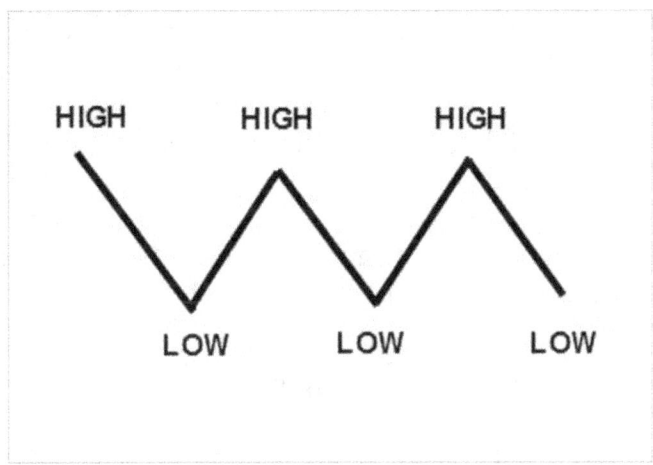

**Tendencias** – Ya sean alcistas, bajistas o laterales, las tendencias se forman durante distintos períodos de tiempo. Es fundamental para su éxito en el trading el poder identificar las diferentes tendencias para cada time frame y así alinearlas en su análisis.

## Definición de un gráfico de velas

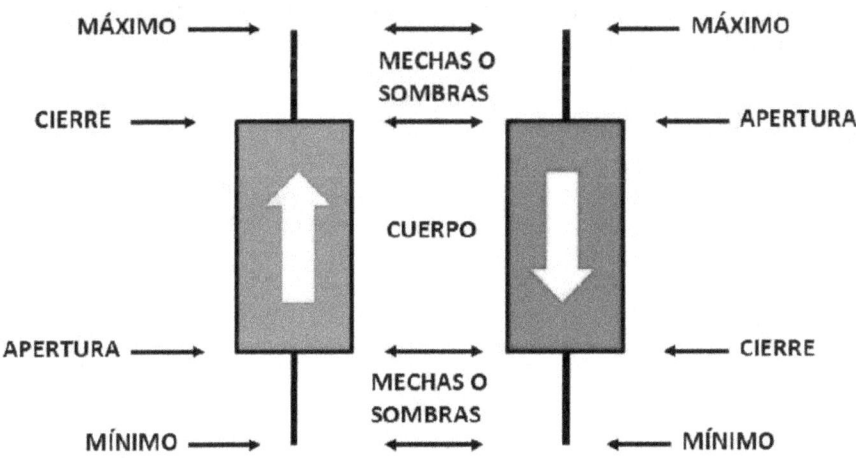

*Estructura de las velas japonesas.*

Vamos a comenzar por definir una vela (también conocida como vela japonesa). Una vela es una línea en el gráfico que representa un punto y muestra el precio máximo, mínimo, de apertura y de cierre por cada período. Por ejemplo si estamos mirando un gráfico de un día, cada vela representará un día y mostrará el precio máximo, mínimo, de apertura y de cierre para ese día en particular. En muchas de las plataformas, una vela roja indica que el precio de cierre es más bajo que el precio de apertura para ese período. Una vela verde indica que el precio de cierre es más alto que el de apertura para ese período.

## Indicadores para el análisis técnico

Aquí le vamos a presentar los indicadores con medias móviles, el RSI y las bandas de Bollinger. Comenzaremos con las medias móviles que son muy útiles para detectar una tendencia. Este es un paso clave tanto para las divisas, las criptodivisas y para algunos de los derivados donde un mercado alcista es bueno pero un mercado bajista también es bueno. Por lo tanto, necesitamos detectar cuál es la tendencia. Como ejemplo, una media móvil de 50 días suma todos los precios de cierre de los últimos 50 días, se divide entre 50 y el resultado marca un punto en el gráfico para cada día.

**Gráfico de Media Móvil**

Vamos a revisar algunos ajustes básicos para el indicador de media móvil. Si tenemos unos ajustes en el gráfico de media de 10 días y media de 50 días, entonces 10 será el corto plazo y 50 será el largo plazo. Si la media móvil a corto, si va por encima de la media a largo plazo, entonces la tendencia se considerará alcista. Si la media móvil a corto va por debajo de la media móvil a largo, entonces la tendencia será bajista. Si en un gráfico puede observar que la de 10 días rompe por encima de la de 50 (la de largo plazo en este ejemplo), se podría considerar entonces como una señal inicial de comprar.

Con las medias móviles, las señales de compra y de venta se generan por el cruce por encima o por debajo de la línea de media móvil. Existe un término que se escucha a menudo por los analistas técnicos que se denomina el *cruce dorado*. Significa que el corto plazo rompe por encima del largo plazo. El ejemplo que tenemos es de 10 y 50 días, pero sepa que se pueden utilizar cualquier otro número de días como podría ser 20 y 30, 15 y 17, etc. dependiendo del trader y del instrumento con el que vaya a operar.

## RSI (Relative Strength Index) o Indice de Fuerza Relativa

El RSI, del Inglés "Relative Strength Index" es utilizado para identificar si el mercado (valores, divisas, criptodivisas, etc.) está sobrecomprado o sobrevendido. Está clasificado como un indicador adelantado ya que comienza a dar la señal ántes de que la tendencia haya aparecido. Tiene un índice de cero a 100.

El RSI es visible en el gráfico que se muestra a continuación de EURUSD. El RSI concuerda más o menos con lo que está pasando en el gráfico y es así como debe de ser. Los resultados por debajo de 30 indican que el mercado podría estar sobrevendido y cuando lea o escuche esta palabra significa que hay una venta excesiva. Resultados por encima de 70 indican que el mercado podría estar sobrecomprado, es decir, que hay una compra excesiva. Tenga en cuenta que estos son simplemente indicadores, pero no le darán ninguna garantía de nada. Como nota, sepa que el mercado puede permanecer sobrecomprado o sobrevendido durante un período considerable de tiempo.

**Las Bandans de Bollinger**

Las bandas de Bollinger son una herramienta muy utilizada por los traders cuando desean añadir diferentes aspectos del análisis técnico para los trades que tienen abiertos. Se utilizan para medir la volatilidad de un mercado y definen el límite superior e inferior de un rango de trading. Cuando observa las bandas en un gráfico, verá una banda superior e inferior. El espacio entre ellas se denomina el canal de compra/venta. Se utiliza el espacio entre las bandas para obtener una idea de dónde se encuentra en el rango de trading. Si se encuentra cerca de la banda superior, sabrá que está cerca del nivel de resistencia y significa que puede haber un giro en el precio (el mercado cambia de dirección). Si se encuentra cerca de la banda inferior, sabrá que está cerca del nivel de soporte y significa que puede haber un giro en el precio. Si se observa una ruptura del precio, muchos traders lo considerarán como una señal para tener en cuenta.

## Comprensión de los niveles de Soporte y Resistencia

El soporte es el nivel de precio en el que, históricamente, el instrumento que se negocia ha tenido dificultades para caer por debajo. Por ejemplo, si tenemos un soporte de 1.4380, significa que podrá comprobar en el gráfico que el mercado ha llegado ese nivel (1.4380) en varias ocasiones sin que haya caído por debajo, esto en la jerga del análisis técnico se considera como el nivel de soporte. La resistencia es, por el contrario, el nivel de precio en el que, históricamente, el instrumento que se negocia ha tenido dificultades en sobrepasar.

## Chart patterns similar to the letters M & W

**Patrones gráficos similares a las letras M y W**
Son patrones en un gráfico en el que la cotización de un instrumento se mueve con un patrón similar a la letra W (doble suelo) o M (doble techo). Los patrones de doble techo y doble suelo se utilizan en el análisis técnico para explicar movimientos en un valor, criptodivisa o cualquier otra inversión y poder extraer patrones recurrentes. Tanto el doble techo como el doble suelo son patrones de cambio en la tendencia.

El **doble suelo** suele ocurrir después de una larga tendencia bajista e indica una inminente tendencia alcista. Los "suelos" son valles que se forman cuando el precio llega a cierto nivel de soporte y no puede romper. Una vez se ha llegado a este nivel, el precio rebota ligeramente pero vuelve otra vez al mismo nivel. Si el precio rebota por segunda vez en el mismo soporte, se habrá formado entonces un doble suelo. Si el segundo suelo no puede romper por debajo del primero, será entonces una fuerte señal de que ocurrirá un giro. Se dibujará una "línea de cuello" en el máximo entre los dos suelos. Con el doble suelo, podría considerar una orden para colocarse en largo (comprar) por encima de la línea de cuello ya que se espera un cambio de tendencia alcista.

Un doble techo suele ocurrir después de una larga tendencia alcista e indica una inminente tendencia bajista. Los "techos" son cimas que se forman cuando el precio llega a un cierto nivel de resistencia y no puede romper. Una vez se ha llegado a este nivel, el precio rebota ligeramente pero vuelve otra vez al mismo nivel. Si el precio rebota por segunda vez en la misma resistencia, se habrá formado entonces un doble techo. Si el segundo techo no puede romper por encima del primero, será entonces una fuerte señal de que ocurrirá un giro. Se dibujará una "línea de cuello" en el mínimo entro los dos techos. Con el doble techo, podría considerar una orden para colocarse en corto (vender) por debajo de la línea de cuello ya que se esperará un cambio de tendencia bajista.

# Capítulo 10: Los argumentos más communes en contra del Bitcoin y las criptomonedas – Con respuestas

**Las tarjetas de crédito y el efectivo son aceptados por la mayoría de los comerciantes pero Bitcoin tiene poca aceptación:**

En la actualidad es casi del todo correcto pero la realidad está cambiando. Hoy ya existen más de 150.000 comerciantes a nivel global que aceptan Bitcoin. A principios del 2014, overstock.com fue el primer comerciante importante en aceptar Bitcoin. Otras empresas que aceptan ya pagos son Subway, Wordpress, Virgin Galactic, Reddit, Wikipedia, Shopify, OKCupid, Amazon, Ebay y Paypal.

Y aún hay más, a finales de noviembre del 2017, una de las cuatro grandes firmas de contabilidad, PricewaterhouseCoopers confirmó que ha aceptado un pago en Bitcoin por sus servicios de asesoría.

Un punto importante para tener en cuenta es que las criptomonedas no son divisas fiat. De la única manera que podrían llegar a ser aceptadas como las fiat sería que un gobierno las apruebe como moneda de curso legal. Si esto llegara a ocurrir entonces sí, la tienda o cafetería a la vuelta de la esquina que suele visitar podría entonces aceptarlas cuando usted quiera gastarlas.

**Los poderes del Gobierno no van a rendirse en el control del dinero sin luchar. Van a destruir las criptomonedas:**

La posibilidad y riesgo de una intervención gubernamental existe, pero no hay señales de que se muevan en esta dirección. Algunos países las han prohibido, pero esto solo ha incurrido en precios más altos y más aceptación por el público en general. Incluso entre las prohibiciones, únicamente ciertas actividades han sido prohibidas, por ejemplo los ICO.

**El Bitcoin y otras criptomonedas se benefician por haber podido entrar como innovadoras, pero ¿qué pasará con la competencia en el futuro?**

No hace falta esperar al futuro, la competencia ya está aquí. Hasta ahora, el valor de mercado de las primeras monedas en entrar ha seguido incrementándose. Las monedas más conocidas son utilizadas para almacenar o incrementar la riqueza. En otras palabras, la gente está comprando criptomonedas por la símple razón que esperan un aumento en el precio. La competencia ofrece más opciones pero no ha destruido a ninguno de los mejores jugadores. Como ejemplo, piense que solo porque otra empresa salga a Bolsa no significa que automáticamente todos sus competidores se vayan a hundir. Muchos inversores simplemente prefieren diversificar.

# Capítulo 11: Qué podemos esperar en un futuro cercano

He utilizado a propósito la expresión de futuro cercano ya que, en mi opinión, hacer cualquier estimación a largo plazo sobre criptomonedas es una pérdida de tiempo.

## Menos locura de ICOs

La locura de ICO perderá algo de la mentalidad irracional de la fiebre del oro y podremos ver un mejor autocontrol de los participantes actuales en el mercado. Los reguladores públicos y gubernamentales tienen sus propios límites sobre lo que pueden tolerar.

## Más Regulations

El comercio en Bitcoin y otras criptomonedas sigue sin estar regulado. Hace poco me enteré de la cantidad de agencias que reclaman jurisdicción sobre las criptomonedas. Esto es solo en los Estados Unidos, entre ellas se encuentran la FinCEN del Departamento del Tesoro, la Comisión de Valores y Cambio, y el Servicio de Impuestos Internos (IRS). La historia se vuelve más extraña, porque ni siquiera existe un acuerdo entre los reguladores sobre lo que es un Bitcoin. Por ejemplo, el IRS lo trata como propiedad y la Commodity Futures Trading Commission dice que es una mercancía. Para los participantes del mercado, esto puede llevar la confusión a nuevos niveles. Incluso con la confusión, para aumentar la confianza de los mercados minoristas e institucionales más amplios, existe la necesidad de regulaciones más apropiadas para este mercado en crecimiento. Esto también debería incluir un castigo rápido y sólido para aquellos que incurran en mala conducta.

# Esperando ver más de...

Lo que realmente espero poder ver más en el futuro próximo de las criptomonedas:

1-Los Exchanges actualizaran tanto la seguridad como su capacidad para hacer frente a las sobretensiones de demanda. Aunque los exchanges de criptodivisas no están sujetos al mismo nivel de escrutinio que los exchanges tradicionales, en el futuro este tema de seguridad dará cada vez menos razones de que hablar. ¿Por qué? el paisaje de las criptodivisas tiene suficientes historias tristes de millones robados por hackers. Ninguna región en el mundo llega a señalar a los culpables. Ocurre en Oriente y también en Occidente, en exchanges grandes y pequeños. A diferencia de los fondos depositados en su banco local, si su cuenta en un exchange es pirateada, hay muy pocos recursos para poder recuperar sus fondos y, hasta el momento en que se redactó este documento, no hay ningún tipo de seguro disponible. Todo el mundo sabe que los piratas informáticos están dedicados a la caza de las cuentas en criptomoneda, por lo tanto, la defensa necesita intensificarse. Las amenazas internas son otro conjunto de dolores de cabeza, que van desde el uso de información privilegiada a la mala conducta financiera de los empleados.

Varios de los exchanges regulados y más grandes se bloquearon ante la demanda de nuevas cuentas durante las recientes explosiones del mercado. Han obtenindo un pase esta vez, pero ¿por cuántas veces más el público o los que están en posición de poder seguirán siendo tan indulgentes?

2- En el otoño de 2017 se vió el lanzamiento de los futuros de Bitcoin y será interesante ver cómo se desarrolla este producto financiero. El público ha estado pidiendo un mercado más regulado, negociar bien en un mercado de futuros tiene que ver con regulaciones. Esta es también la primera vez que los operadores de Bitcoin pueden cubrir su posición en un mercado regulado. Ahora podrán tomar el otro lado del mercado colocándose en corto.

3- Más monedas que eliminan la necesidad de mineros. Actualmente, la mayoría de la minería de Bitcoin es realizada por un puñado de empresas. No es una situación saludable en el mercado, ya que pueden ejercer influencia de forma no deseada.

4- Las mejoras en la velocidad de las transacciones parecen estar llamando la atención de muchos influyentes en la industria. Incluso para los fanáticos de Bitcoin, el ritmo relativamente lento de una transacción común puede ser un problema. Hay varias criptomonedas que están asumiendo estos desafíos y estoy esperando con emoción a ver cómo se desarrolla su historia.
Ha transcurrido un largo camino desde que el Bitcoin y las criptomonedas se asociaban principalmente con criminales. Ahora hay ya existe una conciencia más amplia y más positiva en el público. Las transacciones de futuros de Bitcoin son incluso aprobadas por firmas de Wall Street de primer nombre, algo de lo que se hubieran reído no hace mucho tiempo. Para que el progreso continúe tal como lo he expuesto, es necesario que haya menos exageraciones, regulaciones relevantes y una mayor seguridad y más transparencia de los exchanges. Creo que estas sugerencias garantizarán que las criptomonedas, como una clase de activos, se muevan más allá de su fase pionera.

# Conclusión

Le agradezco que haya leído hasta el final de la *Guía Definitiva Para el Dominio de Bitcoin y Criptodivisas*. Espero que haya podido ser informativa y le haya proporcionado las herramientas necesarias para conseguir sus objetivos de trading con criptomonedas y hacer dinero. El siguiente paso será probar sus habilidades en el trading y acumular su capital de riesgo. Esto le va a proporcionar la motivación necesaria para tener éxito. Dispongo de otros libros sobre diferentes aspectos del trading y clases de valores que le invito a que consulte para ampliar sus conocimientos.

# PERFIL DEL AUTOR

**Wayne Walker** es el fundador de GCMS, una empresa líder en formación especializada y asesoramiento de mercados de capitales. (gcmsonline.info). También es una autoridad en el trading de criptodivisas y formación. Además de haber creado el primer curso de trading con criptodivisas en el Norte de Europa, es colaborador de gran éxito escribiendo artículos para Cryptcoin.news, unos de los líderes en la industria. Para aquellos que se tomen en serio su formación en el trading e inversión en criptodivisas, les recomendamos se pongan en contacto con GCMS.

# Vocabulario básico de Bitcoin

**Cadena de bloques/Blockchain**: es un libro de cuentas o registro **público** de las transacciones en bitcoin (o en su moneda correspondiente) en orden cronológico. El blockchain es compartido entre todos los usuarios de Bitcoin. Su función es la verificación permanente de todas las transacciones de bitcoin y evitar el problema del doble gasto.

**Bloque/Block**: es un historial agrupado dentro de la cadena de bloques que contiene las transacciones confirmadas. Aproximadamente cada 10min, se agrupan las transacciones ocurridas en ese tiempo. En la minería se confirman las transacciones y se crea un bloque.

**Bloque Genesis**: es el primer bloque minado y el comienzo de la cadena de bloques

**Poder de Hash/Hash Rate**: es la unidad de medida del poder de cómputo de la red Bitcoin. La red de Bitcoin debe procesar cálculos matemáticos complejos intensivos por razones de seguridad. Cuando la red alcanza un hash rate de 10Th/s, significa que puede procesar 10 trillones de cálculos por segundo.

**Minería**: es el proceso en el que el hardware realiza cálculos matemáticos para la red de Bitcoin y así confirmar las transacciones e incrementar la seguridad. Como compensación por este servicio, los mineros de bitcoin reciben las tasas de transacción por las transacciones confirmadas además de los nuevos bitcoins que se han minado. La minería es especializada y competitiva y las compensaciones se dividen acordes a la cantidad de cálculos procesados.

**Confirmación**: significa que una transacción ha sido procesada por la red y es improbable que se pueda dar marcha atrás. Las transacciones reciben una confirmación cuando se han incluido en un bloque y por los bloques consecuentes. Incluso una sola confirmación puede ser considerada segura para transacciones de valor bajo, aunque en transacciones de más valor como 1.000 USD es recomendable esperar por más confirmaciones

**Doble gasto**: es un acto de mala fe en el que alguien trata de gastar el mismo bitcoin a la vez en dos recipientes distintos. La minería y la cadena de bloques forman parte de un consenso en la red en el que una de las dos transacciones será la confirmada y por lo tanto considerada correcta.

**Clave privada:** es una clave secreta asociada al monedero que da el derecho a gastar bitcoin de esa cartera específica a través de una firma criptográfica. La clave privada estará almacenada en el ordenador en caso de un monedero software y en servidores remotos si utiliza un monedero online. Las claves privadas nunca deben de ser compartidas ya que entonces se permitirá gastar los bitcoins desde otras carteras.

**Firma:** una firma criptográfica es un mecanismo matemático por el cual se certifica la autenticidad de la información de origen y así poder dar acceso. En el caso de bitcoin, un monedero y una clave privada van asociados por la magia de la matemática. Cuando su software de bitcoin firma una transacción con la correspondiente clave privada, toda la red puede comprobar que la firma concuerda con la cantidad de bitcoins gastados. Sin embargo, es imposible que el mundo exterior pueda dar con su clave privada y robar sus bitcoins.

**Monedero/Cartera/Billetera/Wallet:** es en la red de bitcoin, es algo vagamente equiparable a un monedero físico. El monedero contiene la clave privada que permite gastar los bitcoins y llevarlos al blockchain. Un monedero le muestra el balance total de monedas y le permite pagar a otro recipiente (o recibir).

**Almacenamiento en frío/Cold storage:** es el proceso de mover sus bitcoins a un monedero sin conexión. La ventaja es que nadie podrá hackear su ordenador y robarle la clave privada. Los bitcoins tendrán que ser transferidos de nuevo a un monedero con conexión cuando se necesiten utilizar de nuevo.

**Dirección**: una dirección de bitcoin es una serie única de entre 27 y 34 caracteres alfanuméricos. Una dirección puede crearse fácilmente cuando se usa un monedero, siempre comienzan con un 1 o un 3 (en el caso de bitcoin) y se utilizan como destino de un pago.

**Monedas Alternativas/Altcoins (Alternative Currencies)**: existen multitud de monedas alternativas que se han creado a partir de la idea o del código de bitcoin. Algunas de las más conocidas son Litecoin, IOTA y Ripple.

**Bifurcación/Fork**: es un cambio en el software de la moneda digital con el que se crea dos versiones separadas de la cadena de bloques pero con un historial en común. Cuando esto ocurre, resultarán dos monedas digitales.

**Ataque de denegación de servicio/DDOS (Distributed Denial of Service)**: es un ataque a un servidor desde muchos ordenadores para que deje de funcionar. Un ataque a los exchanges en el momento adecuado durante movimientos volátiles puede ser devastador para los traders ya que no serán capaces de ejecutar manualmente ninguna orden y quedarán a merced de las órdenes pre-ajustadas.

www.ingramcontent.com/pod-product-compliance
Lightning Source LLC
Chambersburg PA
CBHW030054230526
45471CB00003B/1089